아인슈타인 박사님과 과학 여행 ❹

신비한 우주 여행

글쓴이 | 장수하늘소 · 그린이 | 김미경

아인슈타인 박사님과 과학 여행 ❹
신비한 우주 여행

2008년 02월 20일 초판 1쇄 펴낸 날
2010년 05월 20일 초판 3쇄 펴낸 날
2015년 05월 20일 개정판 1쇄 펴낸 날

글쓴이 · 장수하늘소
그린이 · 김미경
펴낸이 · 이승규

펴낸곳 · 해솔
출판등록 · 제406-2009-000001호
주소 · 경기도 파주시 회동길 445-4 301호
전화 · 031-8071-8898 | 팩스 · 031-8071-8899
이메일 · haesol2006@hanmail.net
네이버 카페 · http://cafe.naver.com/haesol2006

ISBN 978-89-92883-76-4 74400
　　　978-89-92883-72-6(세트)

ⓒ 장소하늘소, 김미경
책값은 뒤표지에 있습니다.
잘못된 책은 바꾸어 드립니다.
신저작권법에 의해 보호를 받는 저작물이므로 무단 전제와 복제를 금합니다.

이 도서의 국립중앙도서관 출판시도서목록(CIP)은 e-CIP 홈페이지 (http://www.nl.go.kr/ecip)와
국가자료공동목록시스템(http://www.nl.go.kr/kolisnet)에서 이용하실 수 있습니다.
CIP제어번호: CIP2015010654

아인슈타인 박사님과 과학 여행 ❹

신비한 우주 여행

글쓴이 장수하늘소 • 그린이 김미경

하솔

책머리에

신비한 우주의 세계로 떠나 볼까요?

　약 150억 년 전, 세상에는 아무것도 없었어요. 시간도 없고, 공간도 없는 말 그대로 무(無)의 상태였어요. 그렇게 아무것도 없는 상태에서, 있는 것도 아니고 없는 것도 아닌 아주 작고 단단한 점 하나가 어느 순간 어마어마한 폭발을 일으켰어요. 그 폭발을 흔히 빅뱅(대폭발)이라고 하는데, 바로 우주가 처음 생겨나는 순간이었어요.

　빅뱅과 함께 생겨난 우주는 아득하게 넓은 공간이에요. 그 공간은 시간이 흐르면서 차츰 커졌고, 그 공간 속에는 우주가 생겨날 때 퍼져 나온 가스와 먼지가 있어요.

　그리고 가스와 먼지는 우주 곳곳에서 일정하게 뭉쳐져 은하를 이루고 별이 되었어요. 이렇게 생겨난 은하는 우주에 약 1천억 개나 되고, 그 은하 하나하나에는 약 2천억 개나 되는 별이 있다고 하지요. 여기서 말하는 별은 스스로 빛을 내는 태양 같은 별을 말해요.

 별들한테는 지구 같은 행성이 딸려 있기도 하고, 행성에는 달 같은 위성이 딸려 있기도 해요. 태어나는 순간부터 폭발과 함께 죽는 순간까지 별들이 뿜어 내는 빛이 있고, 어둠이 있고, 시간까지도 빨아들이는 블랙홀도 있어요.
 이렇게 세상의 모든 것이 있는 곳이 바로 우주랍니다.
 이 책은 우리 어린이들을 신비한 우주의 세계로 안내하기 위한 길잡이 책이에요. 우주가 어떻게 생겨났고, 우주에서는 또 어떤 일이 일어나는지, 그 우주 속에서 인류는 어떤 가능성을 발견하려고 하는지, 어린이들의 궁금증 모두를 담아 보았어요.
 자, 지금부터 호기심과 궁금증을 풀기 위한 우주 여행을 떠나 볼까요?

2008년 2월 장수하늘소

차 례 아인슈타인 박사님과 과학 여행 ❹ 신비한 우주 여행

책머리에 신비한 우주의 세계로 떠나 볼까요? • 8

첫 번째 이야기 우주
우주 이야기 우주는 어떻게 생겨났을까요? • 14
우리 은하 이야기 태양계가 태어난 고향 • 18
은하 이야기 우주에 세워진 별들의 도시 • 22
블랙홀 이야기 모든 것을 빨아들이는 검은 구멍 • 26

두 번째 이야기 별
별빛 이야기 별빛은 거리와 나이에 따라 변해요 • 32
별자리 이야기 밤하늘에 펼쳐진 신비한 동물원 • 36
성운 이야기 별들이 태어나는 우주 구름 • 40
성단 이야기 별들의 작은 모임 • 44

세 번째 이야기 태양
태양 이야기 1 태양은 에너지 공장이에요 • 50
태양 이야기 2 태양은 왜 불타고 있을까요? • 54
태양 이야기 3 태양이 없으면 지구도 없어요 • 58
태양 이야기 4 꿈틀꿈틀 태양이 살아 있어요 • 62

네 번째 이야기　　**달**

　달 이야기 1　　달은 어떻게 태어났을까요? • 68
　달 이야기 2　　달의 표면은 어떻게 생겼을까요? • 72
　달 이야기 3　　달과 지구는 아주 가까운 사이예요 • 76

다섯 번째 이야기　　**태양계**

　태양계 이야기　　태양계 식구들 모여라 • 82
　수성 이야기　　태양과 가장 가까워요 • 86
　금성 이야기　　아름다운 샛별 • 90
　지구 이야기　　우리가 살고 있는 작은 행성, 지구 • 94
　화성 이야기　　지구 뒤에서 붉게 빛나는 행성 • 98
　목성 이야기　　태양이 될 뻔한 거대한 행성 • 102
　토성 이야기　　아름다운 띠를 두른 행성 • 106
　천왕성 이야기　　토성을 흉내 낸 행성 • 110
　해왕성 이야기　　몹시 춥고 외로운 행성 • 114

아인슈타인 박사님과 과학 여행 ❹　**신비한 우주 여행**

아주 조그만 점에서 시작된 우주, 먼지와 가스로 만들어진 별, 모두 신기하지?
우주는 아주아주 넓어서 사람은 아직 태양계 밖으로 나가 본 적이 없어.
우리 태양계가 속해 있는 우리 은하는 생각할 수
없을 정도로 크기도 크고, 거리도 굉장히 멀리 있지.
그럼 이 은하 속에 자리잡고 있는 별들에 대해 알아 볼까?

첫 번째 이야기 **우 주**

1 우주 이야기
2 우리 은하 이야기
3 은하 이야기
4 블랙홀 이야기

| 우주 이야기

우주는 어떻게 생겨났을까요?

우주의 시작, 빅뱅

약 2백억 년 전, 아주아주 작고 단단하고 엄청나게 뜨거운 점 하나가 어마어마한 폭발을 일으켰어. 이 순간을 빅뱅, 다른 말로 하면 대폭발이라고 하는데 바로 우주가 태어나는 순간이었지.

대폭발과 함께 수많은 물질이 생겨났고, 사방으로 흩어져 갔어. 물질들은 서로 부딪치고 뭉치면서 별들이 만들어졌지. 이렇게 만들어진 별들은 우주 이곳저곳에 무리를 지으면서 은하를 이루었단다.

그렇게 생겨난 우주는 지금도 계속 팽창하고 있어. 그럼 어떻게 우주가 팽창하는 것을 알아냈을까? 에드윈 허블이라는 과학자는 우주 먼 곳에서 비치는 빛이 붉은색을 띠고 있다는 것을 알아냈어. 그런데 이 붉은색은 빛 가운데에서도 우리 눈에서 멀어지는 빛이야. 붉은빛이 우리 눈에서 멀어져 가는 것을 통해서 우주가 팽창하고 있다는 것을 알아낸 거지.

별들은 어떻게 만들어졌을까?

별이 태어나는 곳은 차가운 우주 먼지와 가스로 이루어진 구름 속이야. 그 구름 속에서 먼지와 가스 알갱이들이 뭉치기 시작해. 한 번 뭉치기 시작한 먼지와 가스 덩어리는 점점 주변의 먼지와 가스들을 끌어당긴단다. 덩어리들은 하나의 커다란 덩어리로 변해 가고, 뭉쳐진 먼지와 가스가 서로 부딪치면서 온도가 올라가지. 이렇게 해서 뜨거워진 커다란 덩어리는 스스로 빛을 내는 별로 태어나는 거란다.

외계인에게 보낸 편지

1974년 11월, 푸에르토리코에 있는 아레시보 천문대에서는 우주로 메시지를 쏘아 보냈어. 메시지는 지구를 기본적으로 알 수 있는 정보를 0과 1의 디지털 암호로 만든 거였어. 지구를 이루는 모든 물질의 원자 번호, DNA의 구조 같은 내용이란다. "우리는 다섯 가지 원소 수소, 탄소, 질소, 산소, 인을 기본으로 만들어진 DNA 안의 유전 정보를 기록해 생명을 유지하는, 태양계의 세 번째 행성인 지구에 살고 있는 존재이다."라는 뜻이 되지.

또 1973년 목성 근처로 쏘아 올려진 파이어니어 11호에는 외계인에게 보내는 편지가 실려 있어. 그 안에는 남자와 여자의 모습, 태양계의 위치 등이 적혀 있단다.

외계인이 우리의 편지를 읽을 수 있을지 알 수 없지만, 언젠가는 꼭 외계인을 만날 수 있는 날이 올 거야.

| 우리 은하 이야기

태양계가 태어난 고향

우리 은하는 어떻게 생겨났을까요?

우주에는 별들이 모여 있는 덩어리가 매우 많아. 이 별들의 덩어리를 은하라고 해. 수많은 은하들 가운데 우리 지구를 비롯한 태양계가 속해 있는 은하를 뭐라고 부를까? 우리 태양계가 속해 있다고 해서 '우리 은하'라고 해!

우리 은하는 한가운데 부분이 불룩한 원반 모양을 하고 있어. 위에서 보면 마치 나선 모양의 팔을 가진 둥근 판이 빙글빙글 도는 것처럼 보이지. 우리 은하 속에는 약 1천억 개나 되는 별이 있어. 그렇게 많은 별들 중에서도 밝은 별들은 나선 모양의 팔 부분에 주로 모여 있어. 태양도 바로 거기에 있는 밝은 별이란다.

그럼 우리 은하의 크기는 얼마나 될까? 놀라지 마. 지름이 무려 약 10만 광년이나 되니까.

빛의 속도로 간다고 해도 우리 은하의 끝에서 끝까지 10만 년이나 걸린다는 뜻이야. 빛은 1초에 약 30만 킬로미터를 간다고 해. 그 속도로 10만 년을 가는 거야. 지구에서 달까지

빛의 속도로 가면 1.5초가 걸리는 걸 생각해 보렴.
 태양은 이렇게 어마어마한 은하의 한가운데에서 약 3만 광년 떨어진 곳에 있단다.

태양이 2천억 개나 된다고?

하늘을 보면 수많은 별들이 있지. 그 별들은 대부분 스스로 빛을 내고 있어. 이렇게 태양처럼 스스로 빛을 내는 별을 항성이라고 해. 달도 빛을 비추니까 별 아니냐고? 아냐. 달은 태양 빛을 반사할 뿐, 스스로 빛을 내지는 못해. 그러니까 별이 아니지. 지구나 화성, 목성 같은 태양계의 행성들도 마찬가지고.

그렇다면 우리 은하에는 스스로 빛을 내는 별이 몇 개나 있을까? 놀라지 마. 자그마치 2천억 개나 된다고 하니까. 물론 태양도 그 별들 가운데 하나야. 태양에서 오는 빛과 열을 받아 지구에서는 생명체가 살 수 있는 거고. 태양 같은 별이 우리 은하에만 2천억 개가 있다면 지구와 같이 생명체가 사는 별도 있을 가능성이 그만큼 높다는 말이겠지?

외계인들이 우리를 보고 외계인이래요!

오해야! 우리 우주 여행을 할 뿐이라고.

우리 은하와 쌍둥이 은하가 있다고?

가을 밤하늘의 별자리 가운데 안드로메다 별자리를 알고 있니? 옛날 에티오피아의 안드로메다 공주 이름을 따서 붙여진 이 별자리의 끝 부분에 희미하게 빛나는 은하를 볼 수 있단다. 이 은하가 바로 안드로메다 은하야. 천체 망원경으로 봐야 볼 수 있지만, 달이 없는 맑은 밤에는 맨눈으로도 희미하게 보인단다.

안드로메다 은하는 우리 은하보다 훨씬 큰 은하야. 그런데 바로 이 은하가 우리 은하처럼 나선 모양이지. 그래서 우리 은하와 안드로메다 은하를 쌍둥이 은하라고 부른단다. 안드로메다 은하는 우리 은하에서 약 225만 광년 떨어져 있어. 지름은 약 16만 광년이고, 3천억 개나 되는 별을 가지고 있단다.

그럼 우리 은하와 가장 가까이 있는 은하는? 우주에서는 아주 가까운 거리라고 할 수 있는 16만 광년 거리에 있는 마젤란 은하야. 그렇지만 우리 은하와 달리 불규칙한 모양을 하고 있지.

| 은하 이야기

우주에 세워진 별들의 도시

별들이 모여 있는 모양도 가지가지

은하는 별들이 모여 있는 것을 말하지. 그런데 별들은 각각 다른 모양으로 모여 있단다.

흔히 타원체 또는 공 모양을 하고 있는 은하를 타원 은하라고 해. 타원 은하는 생긴 지 오래된 것이기 때문에 대부분 늙은 별들이 많아.

그리고 나선팔을 가지고 있는 나선 은하가 있어. 이 은하는 중심에 공 모양의 은하 핵이 있지. 거기에서 2개 이상의 팔이 뻗어 나와 소용돌이를 이룬단다. 우리 은하도 나선 은하에 속해.

또 렌즈형 은하도 있어. 옆에서 보면 볼록 렌즈와 같은 모양을 하고 있지.

일정한 모양을 가지지 않은 은하도 있는데, 이것을 불규칙 은하라고 한단다. 우리 은하와 가장 가까운 마젤란 은하가 불규칙 은하에 속하지.

기체와 먼지가 모여 만들어진 성운

별들 사이에는 기체와 먼지가 여기저기 많이 흩어져 있단다. 어떤 곳에서는 기체와 먼지가 서로 모여 있지. 이것이 눈이나 망원경 사진으로 보일 정도로 뚜렷하면 성운이라고 부른단다. 성운은 빛이 나기도 해. 그렇지만 스스로 빛을 내는 것이 아니야. 주변의 별빛이 반사되어 빛나거나 안에 있는 별빛이 빛나는 것이지.

보통 성운이라고 하면 이렇게 먼지와 가스로만 이루어지고 정해진 모양이 없는 산광 성운을 말해. 하지만 성운의 종류는 더 많단다. 다음 장에서 더 많은 성운을 만날 수 있을 거야.

별들의 작은 모임, 성단

은하는 별들이 모인 거지? 그 은하 안에서 별들이 작은 모임을 갖기도 한단다. 그런 작은 모임을 성단이라고 하는 거야. 그러니 은하 안에는 여러 개의 성단이 있겠지?

성단은 크게 두 가지로 나눌 수 있어. 산개 성단과 구상 성단으로 말야.

산개 성단은 수십 개에서 수백 개의 별들이 산만하게 모여 있단다. 지금까지 1,039개의 산개 성단이 알려져 있지.

구상 성단은 수십만 개에서 수백만 개의 별들이 강력하게 밀집되어 있어. 거의 공 모양을 이루고 있지. 또 중심에 별들이 밀집되어서 매우 안정되어 있단다. 지금까지 알려진 수는 131개 정도야.

| 블랙홀 이야기

모든 것을 빨아들이는 검은 구멍

블랙홀이란?

블랙홀은 아주 강한 중력으로 어떤 물질이라도 끌어들이는 곳을 말해.

블랙홀의 크기는 아주 작단다. 그렇지만 그 질량은 엄청나게 커. 물질의 양인 질량이 크면 클수록 주위의 물체를 당기는 힘이 커진다는 사실 알고 있니? 블랙홀의 질량은 우리가 상상할 수 없을 정도로 크기 때문에 가까운 주위의 모든 것을 끌어당겨.

블랙홀은 마지막에는 크기가 거의 점에 가까워지지.

지금까지 블랙홀이라고 추측되는 곳은 6곳이 있어. 그중 하나는 우리 은하와 가장 가까운 마젤란 성운에 있단다.

블랙홀의 생성

과학자들은 블랙홀이 생겨나게 된 이유에 대해서 두 가지로 추측하고 있어.

첫 번째는 태양보다 훨씬 무거운 별이 폭발을 일으킨 뒤에 블랙홀이 된다는 생각이야. 태양보다 10배 정도 무거운 별이 폭발하면 가벼운 물질들은 날아가고 무거운 물질만이 가운데 남아 블랙홀이 된다는 것이지. 중심의 무거운 물질은 내부의 중력에 의해 그 크기가 자꾸 작아진다고 해. 그러니 크기는 작아지는데 질량만 높아져 다른 모든 것을 끌어당길 수 있을 정도의 중력을 가지게 된다는 거야.

두 번째는 우주가 처음 생겨날 때 있었던 대폭발로 생긴 물질들이 크고 작은 덩어리로 뭉쳐서 블랙홀이 되었다는 설이지. 이렇게 생겨난 블랙홀을 원시 블랙홀이라고 부른단다.

블랙홀과 시간 여행

블랙홀을 통해 시간 여행을 할 수도 있다는 주장이 있단다.

블랙홀이 모든 것을 끌어당기는 구멍이라면 그와 반대로 모든 것을 내보내는 구멍도 있어야 한다는 생각이 그 시작이지. 이렇게 모든 것을 내보내는 구멍을 화이트홀이라고 한단다. 블랙홀과 화이트홀이 서로 연결되어 있을 수 있다면, 블랙홀을 통해 들어가서 화이트홀로 나왔을 때는 다른 공간과 시간에 있게 된다는 거야.

블랙홀과 화이트홀이 연결되어 있는 통로를 '웜홀'이라고 부르는데, 인간이 지나갈 수 있는 크기의 웜홀이 있을지는 아무도 모른단다. 또 그게 항상 열려 있는지도 알 수 없고. 이 문제들만 풀리면 우린 시간 여행을 할 수 있게 될 거야.

아인슈타인 박사님과 과학 여행 ❹ 신비한 우주 여행

태양계보다 훨씬 넓은 우주! 우주에서는 어떤 일이 일어나고 있을까?
다 같이 태양계 밖으로 나가 볼까?
은하는 참 넓어. 은하 안에는 성운 말고도 별들이 모여 있는 성단이 있지.
성단은 서로 끼리끼리 모인대.
그런데 너희는 하늘에 별로 그려진 그림을 본 적 있니?
우리 이제 아름다운 별자리 여행을 떠나 볼까?

두 번째 이야기 # 별

1 별빛 이야기
2 별자리 이야기
3 성운 이야기
4 성단 이야기

| 별빛 이야기

별빛은 거리와 나이에 따라 변해요

별들의 종류

별은 크게 세 가지로 나눌 수 있어. 스스로 빛을 내는 별을 항성이라고 했지? 우리가 흔히 별이라고 하는 것들이 바로 항성을 두고 하는 말이야. 이런 별들은 마치 움직이지 않는 것처럼 보여. 그래서 늘 그 자리에 있는 별이란 뜻인 항성이란 이름을 붙였어. 그럼 우리 태양계에서 항성은 어떤 별일까? 그래, 바로 태양이야.

으잉, 저기 날아가는 게 뭐냐? 처음 보는 행성인데?

태양이 항성이면, 우리 지구는? 행성이라고 해. 항성인 태양의 주위를 돈다고 해서 붙여진 이름이지. 태양 주위를 도는 것을 공전한다고 하는데, 이 별들은 스스로 빛을 내지 못해. 그 대신 태양 빛을 반사하기 때문에 지구에서 보면 마치 별처럼 반짝이지.

태양계에는 지구 말고도 일곱 개의 행성이 있단다. 수성, 금성, 화성, 목성, 토성, 천왕성, 해왕성이 바로 그것이야.

세 번째는 위성이야. 지구나 목성 같은 행성의 주위를 돌고 있는 별을 말해. 그럼 지구의 주위를 도는 위성도 있을까? 물론 있지. 바로 달! 그러니까 크게 보면 달도 별인 셈이지. 화성, 목성, 토성 같은 행성들도 위성이 있단다.

별빛으로 아는 별의 나이

별도 나이가 있어. 그 말은 곧 별도 한 번 태어나면 언젠가는 죽는다는 뜻이기도 해. 또한 별은 나이를 먹어 가면서 색깔이 변하는데, 별의 온도가 변하기 때문이란다.

그럼 별의 나이는 어떻게 아는 걸까? 그것은 별의 온도 차이에 따라서 별빛의 색깔이 다른 것을 통해서 알 수 있어.

별이 갓 태어났을 때는 온도가 낮아 붉은빛이야. 그러다가 차츰 뜨거워지면서 노란빛으로 변했다가 흰빛으로 바뀌지. 그리고 아주 뜨거워지면 파란빛을 쏟아 낸단다. 그러다가 점점 나이를 먹게 되고 늙어 가면서 별도 활동이 줄어들어. 활동이 줄어드는 만큼 별도 천천히 식어 가는데, 죽기 전에는 다시 붉은빛을 띤단다.

지구와의 거리에 따라서 달라지는 별의 밝기

우리 눈에 밝게 보이는 별은 정말 밝은 별일까? 어둡게 보이는 별은 정말 어두운 별일까? 지구에서 보이는 별의 밝기만으로는 그 별의 진짜 밝기를 알 수는 없어. 왜냐하면 지구와 가까운 별은 약한 빛을 내도 우리가 볼 수 있거든. 반대로 밝은 별이 아무리 강한 빛을 낸다고 해도 지구와 멀리 떨어져 있다면, 그 별빛이 지구까지 오는 동안 약해지고 말거든. 지구와 가까이 있기 때문에 약한 빛이지만 밝게 보이는 거야.

또 태양보다 강한 빛을 내는 별이라도 지구와 아주 멀리 떨어져 있다면 어떻겠니? 당연히 그 별빛은 우리 눈에 희미하게 보이는 거야.

| 별자리 이야기

밤하늘에 펼쳐진
신비한 동물원

중국에서는 기원전 5세기경 적도를 12등분해서 적도 부근에 28개의 별자리를 만들었대요.

별자리는 약 5천 년 전 바빌로니아 지역에 살던 사람들이 양 떼를 지키면서 밤하늘의 별들을 관찰한 데서 유래했지.

별자리는 왜 만들어졌을까요?

옛날에는 지금처럼 제대로 된 달력이 없었단다. 여러 가지 자연 현상을 보고 대충 어느 때인지 알았지. 특히 농사를 지을 때는 씨를 뿌려야 할 때, 밭을 갈아야 할 때를 미리미리 알고 준비를 해야 하잖아. 그래서 달력의 역할을 해 줄 것이 필요했단다.

별자리가 바로 옛날 사람들의 달력 구실을 했어. 별자리의 위치를 보고 때를 알아냈던 거지.

어떻게 했느냐고? 하늘에서 서로 가까워 보이는 별끼리 묶어 별자리를 만들었단다. 그래서 그 별 묶음의 위치가 변하는 것에 따라서 시간이 얼마나 흘렀는지 알았던 거야.

같은 별자리의 별들은 서로 가까워 보이지만 사실 그렇지 않아. 지구에서 보기에만 가까워 보일 뿐, 사실은 멀리 떨어져 있어.

왜 계절마다 다른 별자리가 보일까요?

별자리가 계절에 따라 변하는 건 태양을 도는 지구의 위치에 따라 보이는 별자리가 달라지기 때문이야. 밤과 새벽 별의 위치가 달라 보이는 것은 지구의 자전 때문이고.

북극이나 남극에서 별을 보면 별들이 어느 한 점을 중심으로 원을 그리며 돈단다. 적도 부근에서는 수평선을 그리면서 이동하지. 이처럼 지구에서 보는 위치에 따라 별의 움직임이 다르게 보여.

그럼 지구만 운동하는 거냐고? 물론 별들도 스스로 움직이지만 워낙 먼 곳에 있기 때문에 움직이지 않는 것처럼 보이는 거란다.

시간을 나타내는 대표 별자리

달마다 보이는 별자리들도 다 다르단다.

이를테면 1월에는 양자리를 볼 수 있어. 6월에는 처녀자리를 볼 수 있고, 11월에는 물병자리를 볼 수 있단다. 이렇게 각 달에 볼 수 있는 별자리가 하나씩 있단다.

그리고 각 계절마다 볼 수 있는 별자리도 있단다.

봄에 잘 보이는 별자리는 큰곰자리와 작은곰자리가 있지. 여름에는 전갈자리와 궁수자리가 잘 보인단다. 가을에는 페가수스자리와 카시오페이아자리가 대표적이야. 겨울은 쌍둥이자리와 황소자리를 볼 수 있어.

여름엔 왜 오리온자리를 볼 수 없지요?

음, 그건 오리온이 전갈을 피해 숨어 있기 때문이란다.

| 성운 이야기

별들이 태어나는 우주 구름

빛을 내는 방법에 따라 성운을 나눠요

성운마다 빛을 내는 방법이 다르단다. 성운이 어떻게 빛을 내는지 볼까?
성운의 먼지와 가스가 가까이 있는 별에서 나오는 빛에 반사되어 빛나는 경우가 있단다. 이런 성운을 반사 성운이라고 하지. 반사 성운에 있는 먼지와 가스는 아무 힘이 없는 거야.

그런데 주위의 별빛을 그냥 반사만 시키지 않고, 그 빛을 받아 수소 가스를 폭발시키며 수많은 빛을 뿜어내는 성운도 있어. 그런 성운을 방출 성운이라고 해.

성운 중에는 검은색으로 보이는 성운도 있지. 먼지와 티끌로 된 물질이 주위의 빛을 막으면서 검은색을 띠는 거야. 이런 걸 암흑 성운이라고 한단다.

아기별을 만드는 성운

별들이 무엇으로 만들어지는지 아니? 그래, 먼지와 가스야.

그런데 성운도 가스와 먼지들로 만들어져 있지? 그래서 성운 안에서는 새로운 아기별들이 탄생한단다. 이렇게 만들어진 아기별들이 모여 성단을 만드는 거야. 그 성단들이 모여 은하를 만드는 거지.

이렇게 우주는 살아 움직이고 있단다.

생긴 모양에 따라 성운을 나눠요

성운을 생김새에 따라 나누기도 하지.

원판 모양이나 가락지 모양의 성운이 있단다. 이런 성운을 행성상 성운이라고 불러. 대개 모양이 뚜렷하지.

작은 망원경으로 보면 마치 행성처럼 보인단다. 대부분 행성상 성운은 가운데에 별이 있는데, 그걸 중심별이라고 해.

산광 성운은 가스와 먼지가 특별한 모양이 없이 섞여 있는 걸 말한단다. 산광 성운의 지름은 수십 광년에 이르지. 산광 성운의 주변에는 암흑 성운이 따르는 것을 흔히 볼 수 있어.

마지막으로 초신성이 터져서 생긴 성운이 있단다. 태양보다 큰 별을 초신성이라고 해. 이런 별이 폭발하면서 타 버린 물질로 이루어진 성운이야. 이런 성운은 중심으로부터 바깥쪽으로 퍼지는 모습을 보인단다.

| 성단 이야기

별들의 작은 모임

어린 별들의 모임, 산개 성단

산개 성단은 수십에서 수백 개의 별들이 불규칙적으로 모여 있는 별의 집단이란다. 이 성단은 특별한 모양이 없어. 그리고 그 끝도 확실하지 않지. 그래서 '산개 성단' 이라는 이름을 붙인 거야. 산개라는 말은 흩어져 있다는 뜻이거든.

산개 성단은 푸른색을 띠는 경우가 많아. 그건 산개 성단에는 어린 별이 많다는 얘기와 같지. 별은 온도가 높으면 푸른빛을 내는데 어린 별은 온도가 대체로 높으니까.

우리 은하에는 약 2만 개 정도의 산개 성단이 있을 거라고 여긴단다.

늙은 별들의 모임, 구상 성단

공 모양으로 별들이 모여 있는 것을 구상 성단이라고 해. 그래서 맨눈으로 볼 때는 희미한 하나의 별처럼 보인단다. 실제로는 수많은 별들이 모여 있는 건데 말야.

우리 은하에는 약 500개 정도의 구상 성단이 있다고 해. 그중 130개 정도가 알려졌지.

구상 성단 안의 별들의 수는 산개 성단과 비교할 수 없을 정도로 많단다. 중심으로 갈수록 별들이 점점 더 많아지지.

태양보다 더 뜨거운 별이 있다는 말이지.

산개 성단 안에 태양보다 수천 배 밝은 별이 보여요.

구상 성단은 아주 오래된 별들의 모임이란다. 오래된 별들은 온도가 낮아. 별은 온도가 낮으면 붉은 빛을 띠지. 그래서 구상 성단 안의 별들은 주로 붉은색을 띠고 있단다.

유명한 성단들

산개 성단 가운데 지구와 가장 가까운 것은 황소자리에 있는 히아데스성단이지. 이 성단은 지구와 약 130광년 떨어진 곳에 있어. 그 밖의 산개 성단은 대부분 1,500에서 6,500광년 거리에 있단다. 주로 우리 은하의 겉 부분에 모여 있지.

구상 성단 중에서 가장 밝은 것은 켄타우루스자리에 있는 오메가성단이란다. 이 성단은 맨눈으로도 볼 수 있지. 우리와 1만 7천 광년 떨어진 거리에 있어.

구상 성단은 주로 지구의 남쪽에서 많이 볼 수 있단다. 또 여름철 별자리에도 많이 있어. 그 이유는 구상 성단이 여름철 남쪽 하늘 끝에 걸리는 궁수자리 쪽에 있기 때문이야.

아인슈타인 박사님과 과학 여행 ❹ 신비한 우주 여행

태양이 사라지면 어떤 일이 벌어질까?
빛과 열이 모두 사라졌으니 생명도 더 이상 살 수 없을 거야.
말 그대로 세상이 끝나는 거라고 할 수 있지. 하지만 그런 일은 우리가
상상할 수 없는 그런 시간 뒤의 일이니까 염려하지 않아도 돼.
그럼 지구의 생명체를 살리는 태양의 빛에 대해 자세히 알아 볼까?

세 번째 이야기 태양

1 태양 이야기 1
2 태양 이야기 2
3 태양 이야기 3
4 태양 이야기 4

| 태양 이야기 1

태양은 에너지 공장이에요

태양은 어떻게 생겨났을까요?

우주에는 빅뱅과 함께 퍼져 나온 우주 먼지와 가스가 곳곳에 떠 있어. 이 우주 먼지와 가스는 우주에 떠 있다가 스스로 뭉치면서 별이 된단다. 태양도 마찬가지야. 태양은 점점 커지면서 자신을 이루고 있던 수소 가스를 태우기 시작했어. 이때 수소 가스가 타면서 빛이 생기기 시작한 거야. 탄다는 것은 곧 열을 낸다는 뜻이기도 해. 태양은 이렇게 빛과 열을 내면서 태양계의 중심 별이 됐단다.

태양

어휴, 더워. 이렇게 뜨거우니 나한테서는 아무것도 살 수 없지.

수성

금성

태양은 90퍼센트가 수소 가스로 되어 있고, 8퍼센트가 헬륨으로 채워져 있어. 태양의 내부 온도는 1,400만℃이고, 불꽃이 보이는 표면 온도는 6,000℃나 된단다.

태양의 질량과 크기

태양은 태양계에서 가장 큰 별이자 중심이 되는 별이야. 태양의 지름은 약 140만 킬로미터나 돼.

지구의 지름이 1만 3천 킬로미터니까 약 109배나 더 큰 셈이지. 그리고 질량은 지구의 30만 배나 더 크단다. 질량이란 어떤 물체에 들어 있는 온갖 물질의 양을 말해.

태양의 크기와 질량이 이렇게 크기 때문에 태양은 다른 물체를 끌어당기는 힘이 아주 크단다. 그래서 태양계 안에 있는 모든 별들은 태양을 중심으로 돌고 있는 거야. 행성들이 태양을 중심으로 도는 것을 공전이라고 하지.

이렇게 큰 태양에서 조금만 더 가까웠거나 조금만 더 멀었더라면 지구에서는 어떤 생명체도 살 수 없었을 거야. 조금 더 가까웠더라면 지구는 몹시 뜨거웠을 테고, 또 조금 멀었더라면 꽁꽁 언 별이 되고 말았을 테니까.

태양이 다 타 버리면 어떡하지?

지구의 모든 생명체는 태양의 열과 빛 때문에 살 수 있는 거야. 그런데 만일 태양이 사라진다면 정말 큰일이 아닐 수 없겠지? 그럼 태양은 몇 살이고 언제쯤 사라질까?

태양은 지금까지 약 50억 년을 살았다고 해. 태양 같은 항성은 평균 100억 년을 산다고 알려져 있으니까, 태양은 아직도 싱싱한 젊은 별이라고 할 수 있어.

그렇지만 태양의 나이가 점점 많아질수록 태양도 늙어 가는 거야. 태양을 뜨겁게 태우고 있는 수소가 거의 다 타면 태양은 점점 붉어지면서 덩치도 훨씬 커진단다. 우리 지구도 삼켜 버릴 만큼 커지는 거지.

그 뒤에는 점점 줄어들어 아주 작은 별이 돼. 그런 뒤에 몇 번의 폭발을 일으킨다고 해. 폭발한 태양의 가스와 먼지는 다시 우주에 넓게 퍼져 나가 새로운 별을 만드는 데 쓰일 거고.

사람이 지구에 나타난 것이 겨우 100만 년 전이니까 태양이 우주에서 사라지는 건 아주 먼 훗날의 일이겠지?

세상이 끝나는 거지, 뭐.

태양이 사라지면 우리는 어떻게 되는 거죠?

| 태양 이야기 2

태양은 왜 불타고 있을까요?

태양이 불타는 이유

태양은 수소로 가득 찬 별이야. 수소 원자는 핵 한 개와 전자 한 개로 이루어져 있어. 그런데 이 수소는 1,400만℃나 되는 태양의 높은 온도에 의해 핵과 전자로 나뉜단다. 이렇게 분리된 수소의 핵은 네 개씩 모여 헬륨이라고 하는 원자 한 개를 만들지. 이것을 핵융합이라고 해. 그런데 수소 핵이 모여 헬륨이 되는 과정에서 엄청난 열과 빛이 만들어지는 거야.

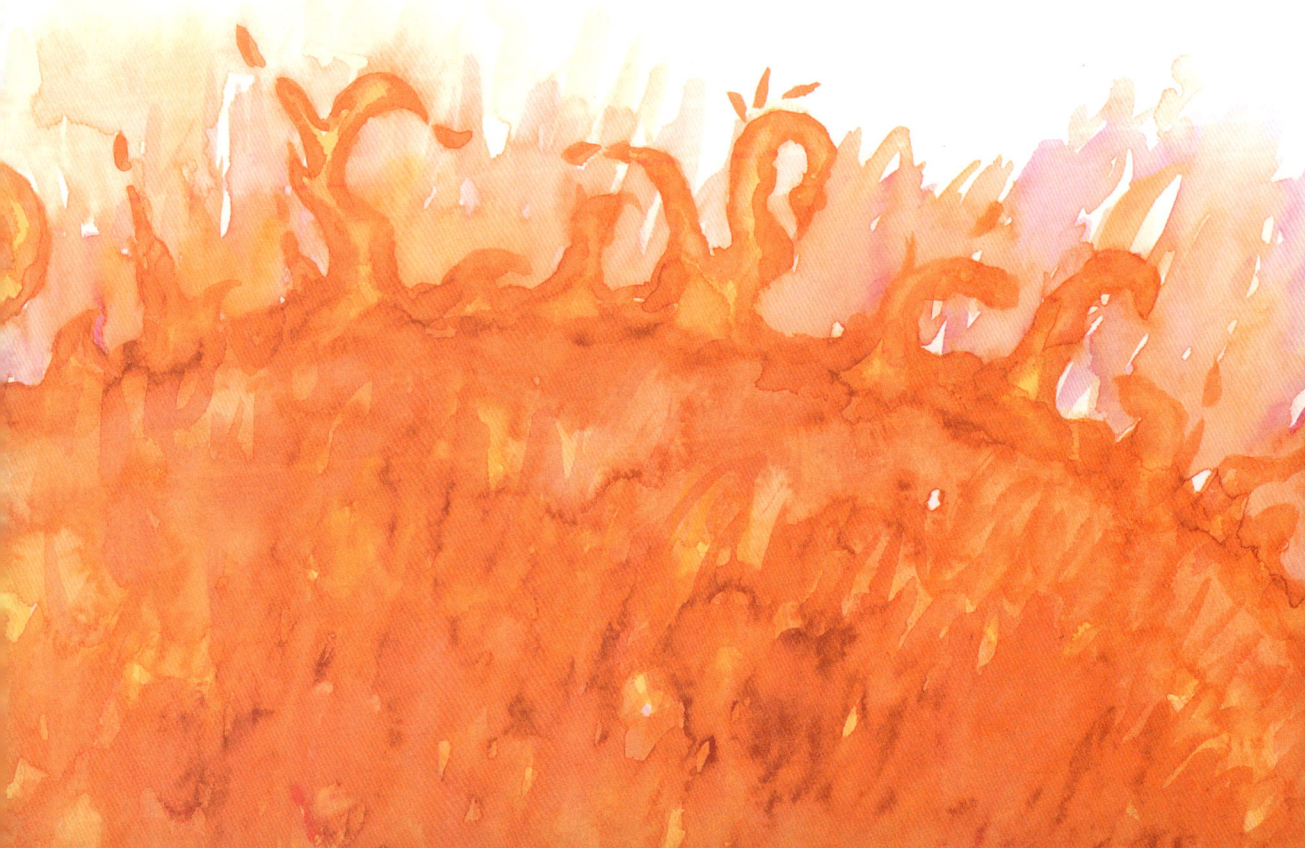

 이렇게 엄청난 열과 빛을 내는 핵융합 반응을 이용하여 사람이 만든 무기가 바로 수소 폭탄이야. 지금 이 순간에도 태양 내부에서는 수소 폭탄이 폭발하는 것과 같은 반응이 계속해서 일어나고 있단다. 그리고 태양의 끌어당기는 힘이 워낙 세서 폭발할 때 퍼져 나가던 가스를 다시 끌어들이기 때문에 계속 불타는 것이고.

태양이 내보내는 빛과 열은 얼마나 될까?

태양은 그 크기만큼이나 엄청난 열과 빛을 내보내고 있어. 사람이 만들어 낸 어떤 불빛이나 열 기구보다도 밝고 뜨겁지. 지구에 다다른 태양 에너지는 1세제곱미터마다 7백 와트나 돼. 이것은 20와트짜리 형광등을 35개나 밝힐 수 있는 에너지 양이야.

그리고 태양이 내보내는 에너지는 100와트짜리 전구를 1억 개씩 묶은 것 40만 개를 지구의 200킬로미터 높이에서 비추는 것만큼 밝단다. 게다가 20억 분의 1 정도의 태양열을 지구가 1초 동안 받아도 45킬로칼로리 정도나 돼. 단 1초 동안 받는 열량이 남자 어른이 하루 동안 사용하는 열량의 50분의 1이나 되는 셈이야.

태양이 내뿜는 불꽃, 코로나

모닥불을 피우다 보면 나무가 타면서 불꽃이 휘날리는 것을 볼 수 있을 거야. 태양한테도 이런 불꽃이 있어. 이 불꽃을 코로나라고 해. 코로나는 태양의 가장 바깥쪽을 구성하는 부분이야.

코로나를 관찰할 수 있는 가장 쉬운 방법은 개기일식 때, 그러니까 태양이 달에 가려졌을 때야. 달이 태양 한가운데를 가려 태양이 검게 되었을 때, 그 테두리를 본 적 있니? 둥그런 테두리가 밝게 빛나는 게 보일 거야.

그게 바로 코로나 부분이란다. 달이 태양을 가려도 완전히 어두워지지 않는 게 바로 코로나 때문이지.

코로나는 이글거리는 태양의 불꽃인 만큼 그 모양이 일정하지 않아. 태양의 활동이 활발할 때는 매우 크고 밝게, 활동이 적을 때는 태양의 가운데 부분이 불룩한 모양을 나타내거든.

| 태양 이야기 3

태양이 없으면
지구도 없어요

햇빛의 종류도 가지가지

햇빛은 여러 가지 광선들로 이루어져 있어. 광선들 하나하나는 서로 다른 역할을 해.

먼저 햇빛을 받으면 따뜻한 느낌을 받을 거야. 따뜻한 느낌을 주는 빛이 바로 적외선이야. 열을 느끼게 하는 빛이라고 해서 열선이라고도 하지.

눈을 가늘게 뜨고 태양을 바라보면 무지개처럼 보이는 빛이 바로 가시광선이야. 주변 사물을 밝게 비추는 가시광선은 태양의 빛 가운데 가장 많은 부분을 차지한단다.

다음으로는 자외선을 들 수 있어. 자외선은 물질을 태우는 성질을 갖고 있는 빛이야. 뜨거운 여름날 우리 살갗이 까맣게 타는 이유가 바로 자외선을 많이 쪼였기 때문이지. 사람들은 자외선의 그런 성질을 이용해서 해로운 미생물을 소독하기도 한단다. 그런 만큼 자외선은 위험한 빛이기도 해. 밖에서 놀더라도 자외선을 너무 많이 쪼이면 안 되겠지?

그 밖에도 감마선, 알파선 같은 여러 가지 태양 광선이 있단다.

달이 태양을 먹어 버렸어요

 옛날 사람들은 일식을 하늘의 개가 태양을 삼켰다가 너무 뜨거워서 다시 토해 내는 것으로 생각했대. 하지만 요즘에는 누구도 그렇게 여기지 않을 거야.
 일식은 태양, 달, 지구가 일직선상에 있을 때 생기는 우주 현상이야. 즉, 지구를 돌고 있던 달이 태양과 지구 사이의 한가운데로 들어오게 되면 지구에서는 어떻게 보이겠니? 마치 달이 태양을 가려 버린 것처럼 보이겠지. 특히 달이 태양을 완전히 가려 대낮인데도 지구가 어두컴컴해지는 현상을 개기일식이라고 한단다. 그렇지만 개기일식은 길어야 5분을 넘기지 않기 때문에 걱정할 필요는 없어. 개기일식을 맨눈으로 봐도 되냐고? 안 되지. 달이 태양을 가려도 태양 빛이 워낙 강하기 때문에 눈이 상할 염려가 있거든.

태양의 전기 입자와 지구의 산소가 만들어 내는 아름다운 빛

옛날 그리스에 '오로라'라는 여신이 있었어. 이 여신은 새벽을 여는 신이지. 상쾌하고 아름다운 새벽을 여는 여신이니 그 모습도 얼마나 예쁘겠니? 북극 지방에 가면 태양이 만들어 내는 아름다운 빛을 볼 수 있어. 그 빛이 바로 오로라란다.

태양이 폭발하면 전기 성질을 띤 알갱이가 생겨. 이 전기 알갱이는 우주 공간을 지나 지구로 들어오지. 이때 지구의 북극 지방으로 들어오는 전기 알갱이는 지구의 자기 변화에 의해 산소 분자와 부딪히면서 전기 성질을 잃게 돼. 이때 북극 지방 하늘에는 아름다운 빛이 생기는데, 이게 바로 오로라야.

그렇지만 아쉽게도 우리나라에서는 볼 수 없어. 왜냐하면 지구가 띤 자석의 성질이 자주 변하는 북극 지방에서만 나타나거든. 특히 태양의 폭발이 일어나는 등 태양 활동이 활발할 때 많이 볼 수 있단다.

지구

| 태양 이야기 4

꿈틀꿈틀 태양이 살아 있어요

태양이 내뿜는 불꽃, 홍염

태양은 늘 불타고 있기 때문에 태양의 테두리에는 엄청난 불꽃들이 일고 있단다. 이글거리는 태양의 불꽃을 홍염이라고 해. 다른 말로는 프로미넌스라고도 하지. 그럼 이 불꽃을 만들어 내는 물질은 무엇일까? 바로 수소야. 수소의 가장 작은 알갱이인 수소 원자들이 타오르면서 거대한 불길을 만들어 내는 거지.

이 불길은 붉은색을 띠고 있단다. 태양의 테두리에서 타오르는 불꽃의 평균 크기는 높이가 3만 킬로미터, 길이가 20만 킬로미터, 폭이 500킬로미터나 돼. 불꽃 하나로 지구를 삼키고도 남으니까 정말 엄청난 불길이지?

그런데 태양은 활동을 활발히 할 때와 그렇지 않을 때가 일정한 간격을 두고 되풀이된단다. 태양 활동이 활발할 때는 홍염이 아주 많이 생겨. 이때는 지구에도 여러 가지 문제가 생기지. 태양의 활동이 활발한 만큼 지구로 들어오는 빛과 열도 많아지니까 지구에 문제가 생기는 건 당연한 거겠지? 그럼 어떤 문제들이 생기는지 살펴볼까?

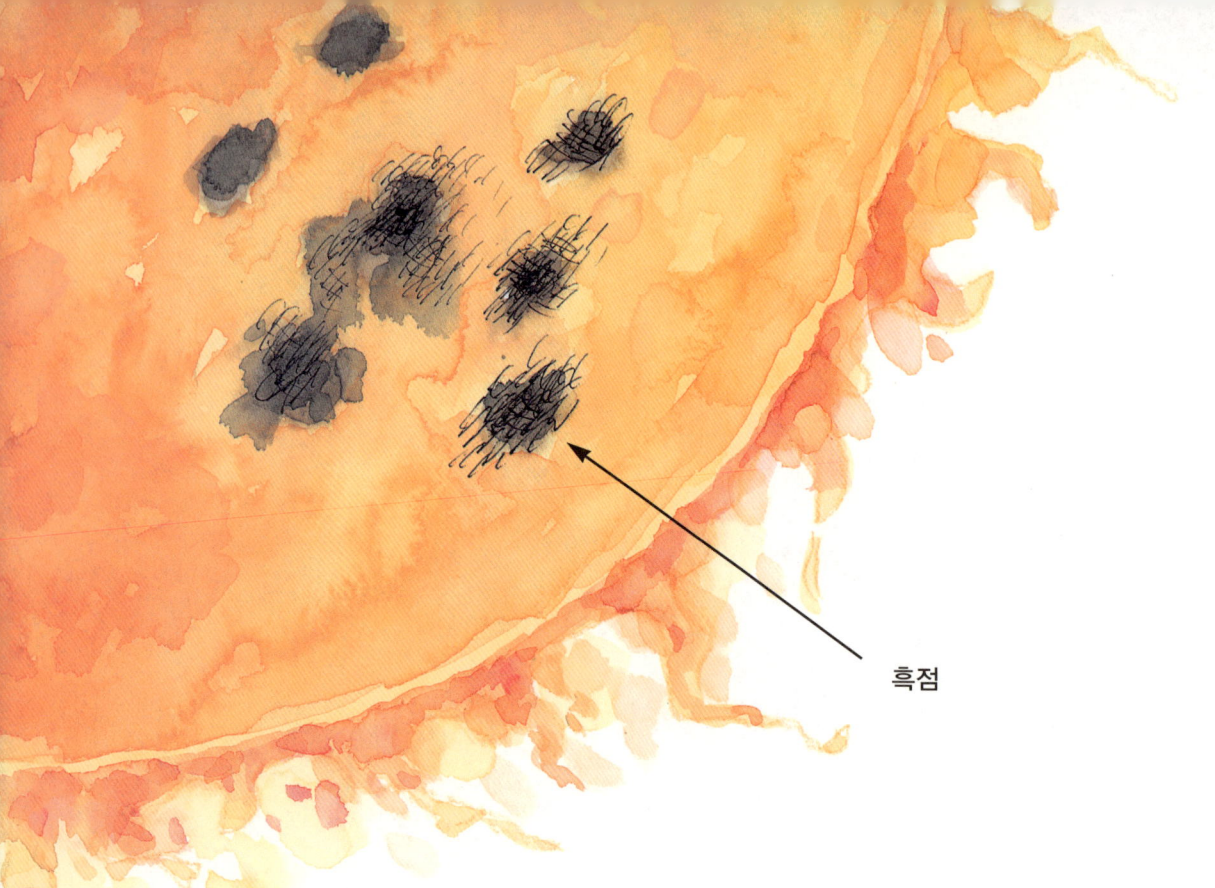

흑점

태양은 점박이!

    태양이 점박이라니 무슨 소리냐고? 사실이야. 천체 망원경으로 자세히 살펴봐. 그러면 태양 표면 군데군데에 까만 점들이 보일 테니까. 이 까만 점들이 바로 흑점이야. 흑점은 지름이 1,500킬로미터 정도 되는 작은 것부터 10만 킬로미터가 넘는 큰 것까지 다양하단다. 작은 흑점은 하루도 안 되어 사라지지만, 큰 것은 크기가 변하면서 몇 개월 동안 계속 남아 있기도 해.

    그럼 이런 흑점은 왜 생기는 걸까? 태양 표면의 온도는 약 6,000℃쯤이야. 그런데 표면의 온도가 4,000℃에서 5,000℃밖에 안 되는 곳도 있단다. 이렇게 온도가 낮은 곳이 까맣게 보이는 거야. 그런데 재미있는 건 태양의 흑점이 동쪽에서 서쪽으로 움직인다는 거야. 이것은 태양이 동쪽에서 서쪽으로 자전하기 때문이란다.

흑점이 폭발하기도 해요

그런데 흑점은 그냥 까맣게 보이다가 사라지기만 하는 게 아냐. 이따금씩 폭발을 일으키거든. 이 폭발을 플레어라고 해. 흑점은 폭발하면서 단 몇 분 안에 매우 밝아지면서 섬광을 내뿜는단다. 그렇지만 이 섬광은 얼마 지나지 않아 원래의 밝기로 되돌아와.

흑점이 폭발하면 강한 태양 전파와 자외선, X선이 많이 나와. 특히 태양 전파는 지구의 산소나 질소 원자들과 부딪쳐서 자기 폭풍을 일으키지. 자기 폭풍은 지구 안에서 발생한 전파들과 부딪치면서 통신을 방해하기도 해.

아인슈타인 박사님과 과학 여행 ❹ 신비한 우주 여행

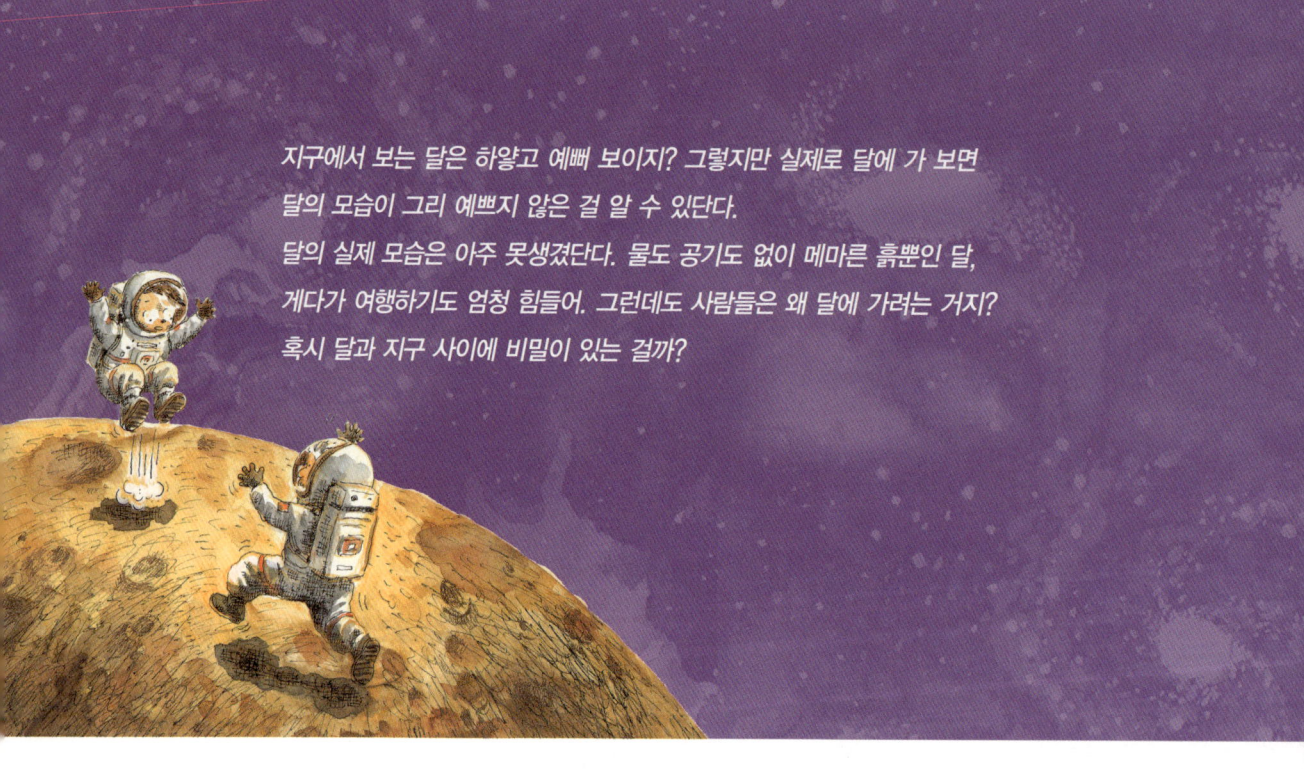

지구에서 보는 달은 하얗고 예뻐 보이지? 그렇지만 실제로 달에 가 보면 달의 모습이 그리 예쁘지 않은 걸 알 수 있단다.
달의 실제 모습은 아주 못생겼단다. 물도 공기도 없이 메마른 흙뿐인 달, 게다가 여행하기도 엄청 힘들어. 그런데도 사람들은 왜 달에 가려는 거지? 혹시 달과 지구 사이에 비밀이 있는 걸까?

네 번째 이야기 # 달

1 달 이야기 1
2 달 이야기 2
3 달 이야기 3

| 달 이야기 1

달은 어떻게 태어났을까요?

달은 어떻게 태어났을까?

달이 생겨나게 된 이유에 대해서는 여러 가지 이야기가 있어. 첫번째는 지구가 처음 생겨날 때 지구에서 떨어져 나간 가스 덩어리가 달이 되었다는 이야기야. 그리고 또 처음에는 혼자 생겨난 별인데 지구의 힘에 붙들려 지구 주위를 돌게 되었다는 이야기도 있어. 마지막으로는 태양계의 다른 행성들이 생겨날 때 같이 생겨났다는 말도 있지.

아직 어느 것도 분명하게 밝혀진 건 없지만, 달이 지구와 가장 가까운 별인 것만은 확실하단다.

달은 가벼워요

사람이 달에 처음 가 본 것은 1969년이야. 미국에서 쏘아 올린 아폴로11호 우주선이 달 표면에 착륙하고, 우주선 선장이었던 암스트롱이 역사적인 첫발을 디뎠지.

달은 지구에서 약 38만 킬로미터 떨어져 있어. 1초에 30만 킬로미터를 가는 빛의 속도로 가면 지구에서 달에 도착하는 데 1.5초밖에 안 걸리지만, 실제로는 아주 먼 거리란다.
 달의 크기는 지구의 4분의 1이야. 그리고 질량은 지구의 81분의 1밖에 안 되고. 크기에 비해 엄청 가볍지. 이렇게 가볍기 때문에 달의 중력은 지구의 6분의 1 정도밖에 되지 않아. 그래서 달에서는 사람이 껑충 뛰어오르면 공간을 날아다닐 수도 있어. 만일 그럴 수만 있다면 참으로 신 나겠다고?

달도 운동을 한다고?

달도 지구와 마찬가지로 자전과 공전을 해. 달은 스스로 한 바퀴 도는 데 약 28일 걸려. 이것을 달의 자전이라고 하지.

지구가 24시간 동안 한 바퀴 도는 것에 비하면 덩치도 작은 게 엄청 느림보지? 그리고 지구 주위를 한 바퀴 도는 데도 약 28일 걸리니까 스스로 한 바퀴 도는 동안 지구도 한 바퀴 돌게 되는 거지.

스카이콩콩 타는 기분이에요.

그래도 너무 높이 뛰면 안 돼. 그러다가 우주로 튕겨 나간단 말야.

우리나라를 비롯한 동양에서 사용하는 음력은 달의 공전 주기(지구 주위를 한 바퀴 도는 데 걸리는 시간)를 따져서 만든 달력이야. 그래서 음력으로 한 달은 28일이란다.

앞에서도 얘기했듯이 달이 지구 주위를 돌다가 태양과 지구 사이에 들어갈 때가 있어. 이때 달의 그림자가 태양을 가려서 일식이 일어나지. 정확히 태양과 달과 지구가 일직선을 이루게 되면 개기 일식이 일어나는 거고, 반대로 태양, 지구, 달이 일직선으로 놓이게 되면 지구 그림자가 달을 가리는 월식이 일어나는 거란다.

달은 지구처럼 자전을 하지 않나 봐요. 늘 똑같은 모습만 보여요.

그건 달의 자전 주기와 공전 주기가 28일로 똑같이 움직이기 때문이란다.

| 달 이야기 2

달의 표면은 어떻게 생겼을까요?

지구가 너무 힘들어 보여요.

그래도 지구는 살아 있는 행성이 됐잖아. 달은 똑같이 고생했어도 죽은 위성이 되고 마는걸.

달의 표면은 울퉁불퉁해요

망원경으로 달을 잘 살펴보면 움푹 패인 구덩이들이 곳곳에 보일 거야. 달에는 물이 없고 공기도 거의 없기 때문에 아무것도 살지 않아. 말 그대로 돌과 메마른 흙으로 덮인 별에 지나지 않지.

그러면 달의 표면에는 왜 구덩이가 많은 걸까? 그건 달도 다른 별과 마찬가지로 처음 생겨날 때 뜨겁게 타올랐기 때문일 거라고 추측하고 있어. 즉 지구에서 화산 활동이 일어나는 것처럼 달에서도 수많은 화산 활동이 있었다는 거지. 화산이 폭발하면서 그 자리에 커다란 구덩이가 생겼다는 거야. 또 지구에 유성(별똥별)이 날아오는 것처럼 달도 우주에서 날아온 수많은 유성과 부딪혀 구덩이가 생겼을 거라고도 하고.

달은 따뜻할까요, 추울까요?

지구에서는 하늘이 파랗게 보이지? 그렇지만 달에서는 하늘이 까맣게 보인단다. 그건 달에 공기가 없기 때문이야.

지구에서는 수많은 공기 알갱이들이 빛과 부딪치기 때문에 하늘이 파랗게 보인단다. 그런데 달에는 공기가 거의 없기 때문에 아무런 색깔도 나타나지 않고 그냥 까맣게 보이는 거야.

에고 더워라. 오늘 완전히 통구이 되겠네.

에고 추워라. 오늘 완전히 동태 되겠네.

이처럼 달에는 공기가 없기 때문에 달 스스로 온도를 조절할 수가 없어. 그래서 태양빛이 닿지 않는 어두운 부분은 영하 170℃까지 내려가지. 반대로 태양을 바라보고 있는 밝은 쪽은 영상 100℃까지 올라가. 이렇게 온도 차이가 많이 나기 때문에 달에 있는 돌들은 잘 부서진단다. 순식간에 차가워졌다가 더워지기 때문에 급격한 온도 변화를 이기지 못한 돌들이 부서지는 거지.

아폴로 11호, 달에 가다

1969년 7월 20일, 인류는 아폴로 11호를 타고 처음으로 달에 갔단다. 무거운 아폴로 11호를 새턴 5호라는 3단식 로켓으로 우주까지 쏘아 올렸지. 로켓 세 개를 차례로 태워 우주선을 점점 높이 올린 거야.

아폴로 11호도 3개의 몸체로 만들었어. 서로 떼었다 붙였다 할 수 있게 말이야. 사령선과 기계선이 달 주위를 빙빙 돌고 있을 때 착륙선만 따로 떨어져 나와 달에 내려앉았지.

아폴로 11호의 달 착륙 모습은 전 세계인의 관심을 모았는데, 엘살바도르와 온두라스는 전쟁까지 멈추고 이 역사적인 순간을 보았다니까.

아폴로 11호는 달 탐사를 마치고 어떻게 돌아왔을까? 그래, 다시 착륙선을 사령선과 기계선에 이었어. 그런 다음 우주 비행사들은 사령선과 기계선 쪽으로 옮겨 가고 착륙선을 떼어 버렸지. 그리고 지구로 출발! 지구 가까이 와서는 기계선도 떼어 냈지. 그건 기계선이 지구로 오는 길잡이 역할을 끝냈기 때문이야. 사령선이 지구 대기권을 지나자 우주 비행사들은 낙하산을 타고 바다 위로 떨어졌어. 풍덩! 인류 최초의 성공적인 달 탐사였단다.

| 달 이야기 3

달과 지구는 아주 가까운 사이에요

달은 변신의 천재예요

달은 초승달, 반달, 그믐달, 보름달! 이름도 참 많지? 달이 아예 밤하늘에 안 보이는 날도 있네. 그렇다고 달을 변덕꾸러기라고 말하면 안 돼. 달은 늘 같은 모습이거든. 태양의 빛을 받는 반쪽은 늘 밝고 못 받는 반쪽은 늘 어둡지. 다만 우리가 보는 각도에 따라 달이 다르게 보이는 거란다.

태양과 지구 사이에 달이 있으면, 우리는 달의 어두운 면만 보잖아. 그런 날은 까만 밤하늘에 까만 달이 있으니, 우리는 달이 안 뜬 줄 알지.

태양을 마주 보며 달이 지구 오른쪽에 나란히 있을 땐 어떨까? 지구에서 달을 올려다보면 왼쪽이 볼록한 반달처럼 보이겠지. 그럼, 태양이 앞에서 비치고 달이 지구 왼쪽으로 오면? 그래, 오른쪽이 볼록한 반달로 보이는 거야.

환한 보름달은 언제 볼 수 있을까? 지구가 달의 밝은 쪽 앞에 서면 그렇게 보이지. 즉 태양, 지구, 달이 순서대로 늘어서 있을 때 보름달이 보이는 거란다.

달이 바닷물을 끌어당겨요

달의 질량은 지구의 81분의 1밖에 되지 않아. 달은 물체를 끌어당기는 힘이 약한 별이지. 그래서 지구에서와 달리 달에서는 아주 무거운 물건도 번쩍번쩍 들 수 있단다.

또 달은 지구와 가장 가까운 별이기 때문에 지구에 여러 가지 영향을 주는 별이기도 하지. 그 중에서 가장 중요한 것이 밀물과 썰물이란다.

지구만큼은 아니지만 달도 분명히 자신의 힘으로 지구를 끌어당기고 있어. 달이 끌어당기는 힘은 단단한 육지에서는 별 영향이 없지만 물처럼 잘 움직이는 것에게는 그 영향이 분명히 나타나지. 그래서 바다에서 밀물과 썰물 현상이 일어나는 거란다.

새로운 도시, 달

사람들은 하늘에 거대한 우주 정거장을 지을 계획을 세우고 있어. 우주 정거장이 생기면 달까지의 여행이 쉬워질테니까. 우주 정거장과 땅 사이를 우주 왕복선을 타고 왔다갔다 하면 되거든.

물론 지금의 달은 사람이 살 수 있는 환경이 아니지. 물도 없고 공기도 없으니까. 그렇지만 모든 걸 조절할 수 있는 기술을 개발했단다. 달에 틈 없는 공간을 만들어 그 안을 공기로 채우는 거야. 물은 지구에서 가져가면 되고. 식물은 온실에서 키우는 거지.

달에서 집을 짓는 일은 지구에서보다 쉬워. 달 표면에서 타고 다닐 차도 지구에서처럼 힘이 세지 않아도 돼. 달이 지구보다 중력이 작기 때문이야. 또 달에서는 사람의 몸무게가 1/6로 줄어드니까 심장에 무리가 덜 간다고도 해. 그러니 오히려 지구에서보다 오래 살 수 있을지도 모른단다.

아인슈타인 박사님과 과학 여행 ❹ 신비한 우주 여행

지구는 혼자 사는 게 아니야. 태양과 달의 도움과 영향을 많이 받지.
태양계에는 우리가 살고 있는 지구 말고도 많은 별들이 함께 살고 있어.
태양 옆에 꼭 붙어 있어서 쳐다보기도 눈부신 수성, 아름다운 여신의
이름을 붙인 금성, 지구의 이웃 화성, 태양계의 큰형님 목성,
여러 위성과 고리가 예쁜 토성, 지구와 아주 먼 곳에 있는 천왕성, 해왕성.
자! 그럼 태양계의 다른 행성들로 여행을 떠나 볼까.

다섯 번째 이야기 # 태양계

1 태양계 이야기
2 수성 이야기
3 금성 이야기
4 지구 이야기
5 화성 이야기
6 목성 이야기
7 토성 이야기
8 천왕성 이야기
9 해왕성 이야기

| 태양계 이야기

태양계 식구들 모여라

태양계 별들은 두 종류

태양계에는 수성, 금성, 지구, 화성, 목성, 토성, 천왕성, 해왕성이 있어. 이 별들은 같은 태양계에 있지만 각각 다른 성질을 가졌지. 지구와 비슷한 성질을 가진 별을 지구형 행성이라고 불러. 수성, 금성, 지구, 화성이 지구형 행성이야.

지구형 행성은 대기층이 얇거나 대기가 없어. 또 자전이 느리고 각각의 별들 주위를 돌고 있는 별(위성)의 수도 적지.

목성과 성질이 비슷한 별들을 묶어 목성형 행성이라고 해. 목성, 토성, 천왕성, 해왕성이 목성형 행성이지. 목성형 행성은 반지름이 수만 킬로미터에 이른단다. 지구가 약 6,500킬로미터인 것과 비교하면 굉장히 크지? 또 목성형 행성은 대기가 굉장히 두껍단다.

혜성은 떠돌이별

태양계 안에서 떠돌아다니는 별을 혜성이라고 해. 지금까지 1,600개가 발견되었고, 그 가운데 600개는 지나다니는 길도 알고 있단다. 다니는 길이 늘 같은 혜성은 지구에서 일정한 시간이 지나면 다시 볼 수 있어. 핼리 혜성은 76년마다 한 번씩 지구 옆을 지나가는데, 2062년에 또 지나갈 거야.

혜성은 태양과의 위치에 따라 그 모양이 변한단다. 혜성은 중심 부분의 단단한 핵 그리고 가스와 먼지로 되어 있는데 이 가스와 먼지가 태양 빛을 반사해서 밝게 빛나지.

태양은 또 혜성 꼬리의 길이에 영향을 준단다. 혜성의 꼬리는 태양과 가까워지면 아주 길어져. 게다가 꼬리가 항상 태양의 반대편으로 생기지. 왜냐하면 태양의 열기가 만들어 내는 바람이 꼬리를 밀어 내기 때문이야.

하늘에서 떨어지는 별의 비를 본 적이 있나요?

하늘에서 별이 떨어지는 것을 본 적이 있니? 지금은 공기가 많이 오염되어 하늘에 떠 있는 별도 잘 보이지 않을 거야. 그렇지만 옛날에는 하늘에 떠 있는 별뿐만 아니라 별들이 비처럼 떨어져 내리는 것도 곧잘 보였단다. 이것을 별똥별 또는 유성이라고 해.

혜성이 지나가다가 흘린 알갱이들을 지구가 끌어당겨 생기는 게 유성이야. 이 알갱이들은 지구의 대기권으로 들어오면 공기와의 마찰 때문에 불이 붙어. 유성은 대부분 땅 위에 떨어지기 전에 다 타 버리지만 땅으로 떨어지는 것들도 있단다. 이렇게 땅에 떨어진 것을 운석이라고 하지.

미국의 애리조나 사막에는 지름이 1.2킬로미터나 되는 대형 운석이 떨어진 적도 있어.

| 수성 이야기

태양과 가장 가까워요

태양과 가장 가까운 별, 수성

수성은 작은 별이란다. 수성의 크기는 지구의 약 5분의 2밖에 되지 않아. 달보다 약간 크지. 그래도 명왕성보다는 큰 편이야.

수성은 태양과 가장 가까이 붙어 있어서 한밤중에는 볼 수 없단다. 태양을 밤에 볼 수 없는 것과 마찬가지야. 초저녁에 서쪽 하늘이나 새벽에 동쪽 하늘에서 잠깐 볼 수 있어.

수성에 쏟아지는 햇빛은 지구보다 7배나 강해. 그리고 수성에서 태양을 보면 지구에서보다 약 2.5배 크게 보여. 그게 다 수성이 태양과 가깝기 때문에 그런 거야.

공전은 빠르게, 자전은 느리게

수성은 태양 주위를 타원 모양으로 돌고 있어. 수성은 태양계 행성 중에서 태양 주위를 가장 빨리 도는 별이란다. 태양 한 바퀴를 도는 데 88일밖에 안 걸리거든. 지구는 태양 주위를 한 바퀴 도는 데 365일이나 걸리잖아.

까만색(거무스름)

수성은 지구형 행성들 중 가장 알려지지 않은 행성이야. 수성이 태양의 밝은 빛 속에 숨어 있기 때문이지.

노란색(거무스름)

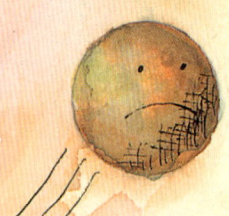

금성은 지구와 가장 가까이 있고, 크기도 비슷한 별이야. 그렇지만 생명이 살 수 있는 별은 아니야.

노란색(푸른색)

태양계 별들 가운데 생명이 사는 유일한 별이 바로 나 지구란다.

붉은색

지구에서 이 화성 님보다 더 밝게 보이는 별 있으면 나와 보라 그래!

수성의 공전 속도가 이렇게 빠른 것에 비해 자전하는 속도는 매우 느리단다. 한 바퀴 도는 데 59일이나 걸리지. 지구는 하루에 한 바퀴 도는데. 이렇게 느리게 돌기 때문에 수성은 하루가 지구 시간으로 1,416시간이나 된단다.

태양풍이 대기를 날려 버렸어요

수성도 달처럼 표면이 구멍 투성이란다. 운석들이 부딪쳐서 생긴 상처야. 수성에도 대기가 없거든. 아주 적은 양의 헬륨, 수소 등이 있긴 하지만 너무 적어서 없는 거나 마찬가지란다. 태양에서 부는 폭풍이 수성의 대기를 날려 버렸기 때문이지.

대기가 없는 수성에서 본 하늘은 한낮에도 까맣단다. 그래서 수성에서는 낮에도 별을 볼 수 있어.

또 대기가 없으니 낮과 밤의 온도 차이도 크겠지? 더구나 수성은 태양과 가까워서 태양의 빛도 강하고 자전 주기가 길어서 낮도 길잖아. 그래서 수성은 한낮의 온도가 427℃까지 올라가고 반대로 밤이 되면 빨리 식기 때문에 영하 173℃까지 떨어지지.

| 금성 이야기

아름다운 샛별

반짝반짝 빛나는 별, 금성

금성은 지구와 크기랑 무게가 비슷하단다. 그래서 금성을 지구와 쌍둥이 별이라고도 하지.

금성은 지구에서 볼 때 태양, 달 다음으로 밝게 빛나는 별이야. 금성이 가장 빛날 때는 대낮에도 그냥 눈으로 볼 수 있을 정도야.

밝게 빛나는 별이라서일까? 금성은 이름도 많단다. 초저녁 서쪽 하늘에서 반짝일 때는 개밥바라기나 태백성, 장경성이라고도 불려. 그리고 새벽에 동쪽 하늘에서 반짝일 때는 샛별이나 계명성, 명성이라고 부른단다. 서양에서는 그리스 신화에 나오는 가장 아름다운 여신의 이름을 따서 비너스라고 부르지.

금성은 어쩜 저렇게 반짝반짝 밝게 빛날까요?

금성은 지구에서 가장 가까운 별인 데다 금성의 몸이 태양 광선을 잘 반사하기 때문이란다.

금성은 이산화탄소에 둘러싸여 있어요

금성의 대기는 이산화탄소가 95퍼센트란다. 두꺼운 이산화탄소가 열을 가두어 밖으로 빠져 나가는 것을 막고 있지. 그래서 금성은 밤이나 낮이나 항상 뜨거워. 금성의 표면 온도는 약 462℃나 된다니까. 태양계의 모든 행성 중에서 가장 뜨거운 별이지. 태양과 가장 가까운 수성보다도 뜨겁단다. 높은 온도 때문에 지구에 사는 식물이나 동물은 금성에서 살 수 없지.

금성을 망원경으로 보면 하얀 구름으로 덮여 있어서 표면이 보이지 않아. 요즘은 레이더 망원경으로 표면을 볼 수 있지만 말야. 이 흰 구름은 황산으로 되어서 금성에는 황산비가 내린다고 하지.

알 수 없는 변덕쟁이 별?

태양계의 다른 행성들은 모두 서쪽에서 동쪽으로 돌고 있어. 그런데 금성은 반대로 돈단다. 혼자만 동쪽에서 서쪽으로 돌지.

금성이 어떤 때는 크게 보이고 어떤 때는 작게 보인다고? 또 초저녁에 서쪽 하늘에서 보일 때도 있고, 새벽에 동쪽 하늘에서 보일 때도 있다고?

그렇다고 금성을 알 수 없는 별이라고 하지는 마. 금성과 지구, 태양의 위치에 따라 금성이 보이는 모양과 때가 달라지기 때문이니까.

초저녁 서쪽 하늘에 있는 금성은 점점 커져. 금성이 지구에 가까이 오고 있어서 그렇게 보이는 거야. 새벽 동쪽 하늘에서는 점점 작아지잖아? 그건 금성이 지구에서 멀어지기 때문이란다.

| 지구 이야기

우리가 살고 있는 작은 행성, 지구

지구에 생물이 사는 이유

지구는 어떻게 태어났을까? 태양계 안의 가스 덩어리가 뭉쳐서 지구의 땅과 대기와 바다가 생겨났단다. 지구의 대기는 처음에는 이산화탄소와 수증기가 대부분이었어. 지금처럼 산소가 많지 않았지. 온도는 물과 대기가 얼지도 날아가지도 않는 영하 50℃에서 영상 100℃ 사이였어. 이 온도는 생명체가 생기기에 알맞은 온도였단다.

생명이 생기려면 생물을 이루고 있는 물질, 즉 유기물이 있어야 해. 그런데 지구에서 유기물이 어떻게 만들어졌는지 아직 밝히지 못했단다. 다만 지구와 같은 조건의 별이라면 어디서나 유기물이 나타난다는 것을 운석을 통해 알아냈지.

지금과 같은 생명체들이 살 수 있었던 건 식물이 탄생했기 때문이야. 식물은 광합성을 통해서 이산화탄소를 산소로 바꾸잖아. 그래서 산소를 마시고 살 수 있는 다른 동물들이 태어날 수 있었던 거지.

두꺼운 공기층, 대기권

 지구는 공기로 둘러싸여 있지. 이 공기는 거의 같은 두께로 지구를 싸고 있는데 이 공기층을 대기권이라고 한단다. 대기는 여러 가지 공기들이 섞여 있어. 땅과 가까운 부분은 공기가 잘 섞이는데, 섞이는 비율이 일정하단다. 가장 많은 것이 질소로 78퍼센트이고 산소가 약 21퍼센트 들어 있지. 나머지는 여러 가지 공기들이 조금씩 섞여 있어. 점점 위로 갈수록 공기의 구성이 달라지기도 해. 지상에서 20~50킬로미터 부분에는 오존이 많이 있지. 이곳이 지구를 태양의 자외선으로부터 보호해 주는 오존층이란다.

또 아주 높은 곳에서는 공기의 운동이 거의 없단다. 그래서 무거운 기체는 아래쪽으로, 가벼운 기체는 위쪽으로 올라가 서로 나뉘지.

지구의 속이 궁금해요

지구의 겉은 완전한 공 모양이 아니야. 북극 지방은 약간 들어가 있고 남극 지방은 약간 튀어 나온 모양이란다.

지구의 가장 깊은 속을 내핵이라고 부르는데, 지구에서 가장 뜨거운 곳이야. 이곳은 바깥에서 누르는 힘이 강해서 딱딱한 고체 상태로 되어 있단다. 내핵이 이렇게 뜨겁기 때문에 땅이 일정한 온도를 유지하는 거야.

내핵을 둘러싸고 있는 것을 외핵이라고 해. 외핵도 매우 뜨겁고 액체 상태란다. 외핵 위를 맨틀이라고 하는 층이 덮고 있고.

맨틀은 지구 내부의 82퍼센트나 차지하는 곳이기도 하지. 이곳은 여러 가지 판으로 나뉘어 있어. 이 판들이 서로 충돌하고 멀어지면서 산이 생기기도 하고 지진이 일어나기도 한단다. 맨틀 위를 덮고 있는 것이 지표야. 바로 우리가 살고 있는 땅이지.

| 화성 이야기

지구 뒤에서 붉게 빛나는 행성

화성에는 붉은 흙이 많아요

 화성은 다른 별들보다 유난히 붉게 보여. 화성의 흙 속에 철이 많이 섞여 있기 때문이야. 지구에서 망원경으로 보면 화성의 표면은 밝은 부분과 어두운 부분으로 나뉘지.

 밝은 부분은 적갈색의 흙이 가득해. 화성 표면의 약 3분의 2를 차지하고 있어. 이곳은 먼지, 모래와 암석으로 덮여 사막과 같단다.

 어두운 부분은 녹회색이나 청회색을 띠지. 그래서 물은 없지만 이곳을 화성의 바다라고 불러. 화성의 어두운 부분은 계절에 따라 그 크기가 변해. 가을과 겨울에는 색이 밝아지거나 사라지고, 봄과 여름에는 어두워지고 커지지. 바람에 모래와 먼지가 움직여서 생기는 현상이란다.

화성인이 있을까요?

옛날부터 사람들은 화성에 생명체가 있을 거라고 생각했어. 그래서 화성에 사는 외계인이 지구를 침략하는 소설과 영화도 많은가 봐. 화성에 진짜 화성인이 살고 있을까?

망원경으로 보면 화성에 물이 다니는 운하 같은 것이 있어. 그래서 사람들은 화성인이 운하를 만든 것이라고 생각했지.

우주선이 실제로 가서 사진을 찍어 봤더니 이 운하는 그냥 계곡이라는 게 밝혀졌단다. 그리고 화성에는 물과 산소가 모자라서 생명체가 살기 힘들다는 것도 알았어. 또 먼지 폭풍이 항상 일어나고 있고. 게다가 화성은 낮과 밤에 온도의 차이가 너무 커서 생물이 살 수 없는 환경이야.

와, 화성에는 위성이 2개나 있네요. 지구는 달랑 달 하나뿐인데.

1877년에 화성의 위성이 2개라는 걸 발견했지. 그런데 놀라운 사실은 그보다 100년 전에 쓰여진 《걸리버 여행기》라는 책에서 화성에 달이 2개 있음을 이미 발견하는 내용이 나왔다는 거야. 참, 신기한 일이지?

지구와 같은 계절이 화성에도 있다고요?

화성은 약간 기울어져서 태양 주위를 돌고 있어. 그래서 태양이 화성의 북쪽과 남쪽을 데우는 정도가 다르지. 이 때문에 화성에도 계절이 생긴단다.

화성이 태양을 도는 시간은 지구의 약 2배야. 따라서 계절이 지나는 시간도 지구의 약 2배지.

화성은 지구보다 태양에서 멀리 떨어져 있어서 온도가 많이 낮아. 겨울밤에는 영하 124℃까지 내려가지. 극지방에서는 영하 143℃까지 내려가기도 한다고 해.

여름 한낮의 온도는 대개 영하 31℃야. 화성에서는 0℃ 가까이 기온이 올라가는 일은 거의 없어.

| 목성 이야기

태양이 될 뻔한 거대한 행성

태양계에서 태양 다음으로 큰 별, 목성

목성은 태양계에서 가장 큰 행성이야. 목성의 지름은 지구의 11배이고 무게는 318배나 되지. 다른 행성 7개를 모두 합한 무게보다 2.5배나 무거워. 그런데 목성이 태양이 될 뻔했다는 사실 아니?

목성의 중심 온도는 2만 4천℃쯤 된다고 알려져 있어. 목성의 내부는 아직도 타고 있는데, 태양과 비슷한 구조이기 때문이야. 즉, 목성의 내부는 거의 수소로 되어 있어. 그래서 제2의 태양이 될 수도 있었다는 거지.

목성의 대기도 태양처럼 대부분 수소와 헬륨으로 되어 있어.

만약 목성이 태양 같은 항성이었다면 큰일이었겠지? 태양계 안에 두 개의 태양이 있었다면 너무 뜨거워서 어떤 생명체도 살 수 없었을 테니까.

목성에는 왜 줄무늬가 있을까?

목성은 대부분 가스로 이루어져 있어. 그래서 그 큰 몸집에도 자전 속도가 굉장히 빠르지. 한 바퀴 도는 데 약 10시간 정도 걸리거든.

재밌는 건 가스가 무슨 종류인지 어느 높이에 있는지에 따라서 자전하는 속도가 저마다 다르단다. 같은 목성 안에 있으면서 각각 달리 자전을 하는 거지.

태양계의 행성들

그래서 목성의 표면에 줄무늬가 나타나는 거란다. 가스가 뜨거우면 밝게 보이면서 빨리 돌고, 반대로 온도가 낮으면 어둡게 보이면서 느리게 도는 거야.

그리고 가스들이 큰 폭풍을 일으키는 곳이 있어. 이곳은 붉고 큰 점으로 보여서 대적반이라고 부르지.

목성의 고리와 위성들

지구에서는 보이지 않지만 목성은 하나의 고리를 가지고 있단다. 이 고리는 비슷한 성질을 가진 물질로 이루어져 있어. 고리를 이루고 있는 물질은 연기 알갱이처럼 미세한 것들이야. 목성을 따라 돌고 있던 작은 별들이 운석에 맞아 부서져 생긴 것으로 여기고 있지. 고리의 두께는 약 30킬로미터나 된단다.

그리고 지구 주위에 달이 돌고 있듯이 목성 주위를 돌고 있는 별들도 있어. 이런 별을 위성이라고 해. 목성의 위성은 지금까지 16개가 발견되었지. 이걸 처음 발견한 사람은 1610년 이탈리아의 천문학자 갈릴레이야. 그래서 갈릴레이가 발견한 가장 큰 네 개의 위성을 갈릴레이 위성이라고 불러. 그 중 이오라는 위성은 특이해. 이오는 목성과 가장 가까이 있는데, 아직까지도 화산이 폭발하고 있단다.

| 토성 이야기

아름다운 띠를 두른 행성

토성은 밀도가 낮아요

토성도 목성처럼 가스가 대부분인 별인데, 자전도 목성 다음으로 빠르단다. 그래서 적도 부분은 부풀어 오르고 양극 지역은 평평한 모양이야. 태양계에서 가장 납작한 모양이란다.

토성은 태양계 천체 중에서 밀도(물질을 이루는 입자들의 **빽빽함**의 정도를 나타내는 말)가 가장 낮은 별로서 지구 밀도의 약 10분의 1밖에 안 된단다. 물의 밀도에 3분의 2밖에 안 되지. 토성은 물보다 밀도가 낮은 유일한 별이란다. 만약 토성이 들어갈 만큼 충분히 큰 바다가 있다면 토성은 아마 둥둥 떠다닐 거야.

위성이 가장 많은 행성

목성의 위성이 16개였던 거 기억하니? 그렇지만 위성이 제일 많은 별은 토성이란다. 이름이 있는 위성만 해도 18개나 되지. 아직 이름이 붙여지지 않은 것까지 더하면 그 수는 더욱 많아.

가장 큰 위성인 타이탄은 지름이 약 5,140킬로미터로 수성이나 명왕성보다 크지. 게다가 타이탄은 대기를 가지고 있어. 타이탄의 대기는 대부분 질소란다.

또 다른 위성인 라페투스는 밝은 면과 어두운 면을 가지고 있지. 밝은 면이 어두운 면보다 햇빛을 10배 정도 더 많이 반사하기 때문이야.

그 밖에도 히페리온의 모양은 신기하게도 공 모양이 아니고 짧은 원통형으로 생겼단다.

가지고 있는 위성이 많은 만큼 그 형태들도 다양하지?

토성의 아름다운 고리

토성이 태양계에서 가장 아름다운 이유는 바로 고리 때문이란다.

토성은 고리를 7개 가지고 있지. 그 고리들은 눈으로 보기에는 매우 얇아서 망원경이 발달하기 전에는 볼 수가 없었단다. 고리들의 두께는 200미터에서 3,000미터로 다양해.

토성의 고리는 무엇으로 이루어져 있을까? 작은 먼지와 가스, 그리고 얼음 조각으로 되어 있지. 얼음 조각들은 먼지처럼 작은 것도 있고, 지름이 3미터가 넘는 것도 있어.

그리고 큰 고리는 아주 많은 수의 좁은 고리들로 나누어져 있단다. 자세히 살펴보면 각각의 고리 사이에는 빈 공간이 있거든.

고리들은 토성의 적도에 걸려 있어. 토성이 태양 주위를 공전하느라 기울때면 그만큼 고리들도 함께 기울어진단다.

| 천왕성 이야기

토성을 흉내 낸 행성

천왕성의 고리는 어두워요

천왕성은 1781년에 영국의 천문학자인 허셜이 발견했어. 천왕성은 여러 가지로 토성과 비슷한 행성이야. 위성도 많고 대부분 가스로 되어 있으니까.

또 하나 닮은 점은 토성처럼 고리를 가지고 있다는 거야. 천왕성은 고리가 적어도 11개는 있지. 그런데 이 고리들은 토성의 고리들보다 색깔이 훨씬 어두워. 지름이 90센티미터쯤 되는 검은 덩어리들로 이루어져 있기 때문이야.

옆으로 굴러다니는 별, 천왕성

천왕성은 태양에서 일곱 번째에 있는 별이지. 지름은 지구 지름의 네 배 정도이고 주로 짙은 가스로 이루어져 있어. 태양에서 멀리 있기 때문에 온도는 약 영하 216℃ 정도로 여겨.

천왕성은 태양 주위를 타원 모양으로 돈단다. 그런데 다른 행성과는 좀 다른 모습으로 돌아. 다른 행성들은 자전을 할 때 태양 주위를 거의 수직으로 서서 돌잖아. 하지만 천왕성은 수평으로 누워서 자전을 해. 그래서 천왕성은 태양 주위를 옆으로 데굴데굴 굴러다니는 것처럼 보인단다.

토성

천왕성

후후, 그 시꺼먼 고리는 쳐도 안 갖는다.

흥, 나도 고리가 있다 이 말씀!

천왕성은 밤이 낮보다 따뜻해요

천왕성이 한 바퀴 자전하는 데 걸리는 시간은 무척 짧단다. 약 17시간쯤 걸리지.

반면에 태양 주위를 한 바퀴 도는 데는 84년이나 걸려. 태양과의 거리가 멀기 때문이야.

천왕성은 태양과의 거리가 아주 머니까 밤이 되면 무척 추울 것 같지? 그런데 천왕성은 밤이 낮보다 더 따뜻하단다. 천왕성의 대기가 대부분 수소로 되어 있거든. 수소는 낮에는 햇빛의 자외선과 열에 의해 2개의 원자로 나뉘어져 있어. 그러나 밤이 되면 이 원자들이 이동을 하면서 수소 원자 2개가 수소 한 분자로 합쳐진단다. 이 과정에서 열이 생기거든. 따라서 천왕성은 밤이 낮보다 더 따뜻하단다.

| 해왕성 이야기

몹시 춥고
외로운 행성

푸른 바다를 떠오르게 하는 해왕성

해왕성은 우연히 발견한 천왕성과 달리 수학적으로 정확하게 궤도를 계산해서 발견했지. 해왕성은 지구만큼 예쁘고 푸른 수정처럼 생겼단다. 마치 섬 하나 없는 푸른 바다와 같아. 그러나 해왕성은 결코 바다가 아니란다.

해왕성은 암석과 철로 이루어진 핵이 안에 숨어 있어. 또 대기는 얼어붙은 수소, 헬륨, 메탄으로 싸여 있지. 메탄이 해왕성 구름을 푸른빛을 띠게 하는 거야.

그리고 해왕성 주위를 따뜻하면서 빠른 바람이 휘젓고 있단다. 바람은 대부분 서쪽으로 부는데, 해왕성이 자전하는 반대 방향이지.

해왕성

해왕성은 삐딱하게 공전하고 스스로 열도 내요

지구는 태양 주위를 도는 데 1년 걸리지만 해왕성은 165년이나 걸려. 자전에 걸리는 시간은 약 16시간이지.

그런데 해왕성은 다른 별과 조금 다른 위치에서 태양 주위를 돈단다.

보이저 2호

다른 행성들이 거의 태양과 수평으로 공전을 할 때 해왕성은 30도 정도 기울어진 곳에서 공전을 하지.

그리고 천왕성과 해왕성의 큰 차이는 해왕성은 스스로 열을 낸다는 점이야. 그러기 때문에 해왕성이 천왕성보다 태양에서 더 멀리 있어도 두 행성의 온도는 거의 같단다.

해왕성의 별난 위성, 트리톤

해왕성에는 8개의 위성이 있지. 이 위성 가운데 트리톤과 네레이드는 망원경으로 지구에서도 볼 수 있어. 나머지 6개의 위성과 해왕성을 둘러싸고 있는 몇 개의 고리는 1989년 보이저 2호가 발견했지.

해왕성의 가장 큰 위성은 트리톤이야. 태양계의 다른 위성들은 자신이 돌고 있는 행성과 같은 방향으로 자전한단다. 그런데 트리톤은 유일하게 반대 방향으로 도는 위성이지. 그래서 트리톤은 해왕성과 같이 태어난 게 아니고, 밖에서 만들어져서 나중에 들어온 거라고 여긴단다.

다섯 번째 이야기 • 태양계